SKRIV
PUBLICERA
DISTRIBUERA och
MARKNADSFÖR

DIN
BOK

J. Pingo Lindström

SKRIV
PUBLICERA
DISTRIBUERA och
MARKNADSFÖR
DIN
BOK

J. Pingo Lindström

PENGUINCOMICS
www.PenguinComics.com

INDEX

Förord

Det är många som går i tankarna om att ge ut en egen bok. Men så sätter både tid, ekonomi och praktiska saker käppar i hjulen för författardrömmen. Bara att skapa och ge ut en enkel barnbok, eller kanske en fotobok – där man inte behöver skriva så mycket – framkallar en uppsjö problem.

- Hur trycker jag den, och vad kostar det?
- Hur får jag den distribuerad?
- Hur kan jag marknadsföra min bok?
- Hur skriver man egentligen en roman?

Den här boken är skapad för dig som vill ha svar på alla de där frågorna. Det fina med den här boken är att den är gjord på precis det sätt som beskrivs i boken! Läser du den här boken så vet du alltså att det fungerar – och du kan göra på samma sätt.

Att skriva och ge ut en bok är enklare idag än det någonsin varit. Och du kan till och med göra det utan att lägga ut en enda krona! Det behöver dessutom inte kosta någonting alls att ge ut din bok.

Att röra sig med fantasier om att bli en framtida läsvärd författare är det många som gör. Men få tar chansen och gör slag i saken. Det är faktiskt enklare än du tror.

Du har redan tagit första steget. Läs vidare och ta alla de andra, så kommer du också att vara en publicerad författare inom kort!

J. Pingo Lindström
Augusti, 2015.

Hur skriver man en bok?

I februari 2015 så hölls Skid-VM i min hemstad Falun. Självfallet genuint roligt – för det var mycket folk och livat i två veckor. Men jag är inte särdeles intresserad av skidsporten, så jag ägnade hemmakvällarna åt att istället förvandla en idé till en bok.

Länge hade jag funderat på att skriva texter liknande de som under 1980-talet publicerades i pocketromaner som hette *De Överlevande*. Dessa var snabbt skrivna, ganska korta, romaner – antingen inköpta från amerikanska spökförfattare, eller skrivna av svenska dito.

I stort sett alla handlade om efter-katastrofen, efter ett kärnvapenkrig eller någonting i den stilen. Det var mörk post-apokalyps, häftig science fiction och massor med action. Något sådant ville jag också skriva!

Sagt och gjort slog jag mig ner framför datorn och började plita ner stommen till en berättelse. Först skapade jag ett par korta texter, sammanfattningar, av de böcker jag ville skriva. För jag ville inte bara skriva en – jag ville skriva en hel serie med korta romaner (så kallade *novellas*).

Efter att jag plitat ner de sammanfattande historierna började jag skriva. Det tog fyra dagar – sen hade jag ett manus jag tyckte om. Det var på drygt 22,000 ord och blev den första boken, Riksväg 80.

Stephen King har sagt att enda sättet att skriva en bok på är att faktiskt sätta sig ner och skriva.

Det är den största sanningen när det gäller författande. Det gäller att helt enkelt sätta sig ner och skriva. Skriva, skriva, skriva. Om det sen inte blir bra – det bryr man sig inte om för stunden.

Efteråt, när man skrivit klart hela sin bok – då kan man gå tillbaka och vara kritisk. Men när du skriver – då måste du vara extremt förlåtande mot dig själv. Du måste vara så förlåtande att du vägrar ändra på någonting!

Om du inte gör det kommer du nämligen aldrig att bli klar. Och att bli färdig är värt mer än du tror.

Det är bättre att ha skrivit en dålig bok än att hålla på och skriva en bra bok i all oändlighet. För en dålig bok kan du rätta till. En bra bok, som du skriver i all oändlighet, blir aldrig klar. Och vad ska du göra med en bok som inte blir färdig? Du kan inte publicera den. Du tjänar inga pengar på den. Du får inga läsare. Om du inte skriver enbart för din egen skull, så blir en oklar bok slöseri med tid.

Du förtjänar bättre – så sätt dig ner och skriv färdigt!

Jag kunde skriva klart min första lilla roman på fyra dagar, enbart eftersom jag inte gav mig chansen att läsa vad jag redan skrivit och "rätta till" det. Istället ångade jag på – helt obekymrad över hur texten skulle uppfattas av en läsare. Att våga skriva ärligt, ocensurerat och fritt är författandets största möjlighet. Det är det som ger dig chansen att färdigställa ett manus och verkligen publicera en bok.

Ett par tips som hjälper är att skriva enbart om sådant man kan. Visst – ingen har varit i framtiden, men du kan fortfarande skriva om den genom att använda det du vet om nutiden. Likaså – jag minns inte riktigt vad som hände 1981, men jag har en viss aning. Och jag kan researcha vilka varumärken som fanns då, vilka låtar som var populära, vilka filmer man såg och vad som hände.

Genom att lära sig om de saker dina karaktärer interagerar med och använder sådant du vet (t ex förlägger handlingen till en plats där du varit och känner till), så blir din bok effektivare, ärligare – och bättre.

Om du redan vet vad du ska skriva om så är det här kapitlet mest en repris på allt du redan vet. Men om du inte vet – fortsätt så berättar jag hur du faktiskt skriver en roman.

Det första man bör göra är att ta fram en berättelse, själva handlingen, och göra det kort – man skriver ner någonting som kallas synopsis. Detta synopsis bör absolut inte vara längre än en sida, helst kortare. Det bästa är om du kan beskriva din bok som en pitch – det vill säga i en enda mening.

Mina egna böcker, Riksväg 80 och Röd Skugga, som ingår i romanserien Atomkrig 1981 (som skrivits, publicerats och marknadsförts på det vis som beskrivs i den här boken) skulle kunna beskrivas i en mening så här:

När Sovjets u-båt U-137 går på grund hamnar sextonårige Olof från Hofors i tredje världskrigets atomvinter.

Vi ser direkt vad som triggar själva berättelsen, var den börjar
– nämligen att ubåten U-137 går på grund. Detta startar tredje
världskriget. Vår huvudperson överlever, men världen omkring
honom drabbas av atomvintern. Vi vet hur gammal han är (sex-
ton år) och var han kommer ifrån (Hofors). På så sätt kan vi nog
även luska ut var böckerna utspelar sig, hur hans syn på världen
är – och om vi kan vår nutidshistoria så förstår vi också att böck-
erna utspelar sig under 1981. Den 26:e oktober 1981 var nämligen
datumet då Sovjetunionens u-båt U-137 gick på grund.

Tänk efter vad det är du vill berätta. Har du en idé om var din bok
ska placeras? Skriv ner det. Vet du vem boken ska handla om?
Skriv ner det. Vet du inte riktigt när boken utspelar sig? Fundera –
men det kanske inte är så viktigt just nu?

Det viktigaste när du skriver ner ditt synopsis och benar ut din idé
är att du har en tydlig huvudperson och en tydlig antagonist.

Antagonisten är bokens "skurk" - men det kan i en kärleksroman
även vara flickan som pojken är förälskad i. Det vill säga –
antagonisten är huvudpersonens motpol. Eller snarare
protagonistens motpol.

Protagonisten är den person som får händelserna att utveckla
sig, framåt. Det kan faktiskt vara någon annan än den som boken
handlar om. Ofta är det inte så – men ibland kan det vara ett bra
sätt att skriva på. Antagonisten är den som försöker förhindra detta
framåtskridande. Den som gör allt för att sätta käppar i hjulet på
protagonisten, och/eller huvudpersonen.

I en kärleksberättelse kanske en kvinna förälskar sig i en man – men mannen är redan kär i en annan, sin sekreterare. Sekreteraren kan då vara antagonisten som försöker förstöra mannens andra förhållande. Men det kan också vara mannen som är antagonisten.

Du måste arbeta fram din berättelse och se vem den handlar om, och vem som är motpolen. För oavsett alla skrivregler om hur en berättelse ska vara utformad, vilka teman och tvister din text ska ta, så är det bara en regel som du absolut måste följa – *det är att boken måste ha konflikter!*

En berättelse handlar bara om konflikt. Konflikt behöver inte vara action – det kan också vara kärlek. Konflikt kan vara att ett barn inte får godis på fredagskvällen. Det kan också vara en person som åker och badar med sina kompisar – men är rädd för vatten. Konflikt kan vara kärnvapenkrig, slagsmål – men också ett kompisgräl om vem som ska betala på krogen. Så länge din bok har konflikter så blir den bra. Ju fler konflikter, desto bättre. Men utan konflikter så blir texten aldrig en bok.

Det första du därför bör göra innan du ger dig ut i äventyret att skriva hela din bok är att skriva ner din berättelse kort, på ett papper. Du kan använda datorn, eller skriva för hand. Det spelar ingen roll. Men det viktiga är att du skriver kortfattat och koncist, och max en sida.

Därefter kan du gå in och rätta, förändra, lägga till och dra ifrån, tills du är helt nöjd med din berättelse. När du har ditt synopsis klart kan du börja fundera på upplägget av din bok och börja skriva.

Dispositionen

Hur tjock bok ska du skriva? Och hur ska den vara upplagd? I ett par kapitel, eller en enda lång sammanhängande text? Har den bilder eller illustrationer?

En bok kan skrivas på så många sätt. Det finns inget rätt och inget fel. Din bok är din bok, och den kommer att synas i sömmarna av dina läsare – men den kommer att synas som din egen bok, som får stå för sig, på sina egna premisser. Den som gör jämförelser får stå för dem – för det som en person tycker är lika med din bok, kommer en annan att tycka är helt annorlunda.

Oavsett hur många kapitel du vill dela in din bok i – om några – så kan det vara bra att försöka sätta ett mål på antal ord. En sida är ungefär 225 ord. De flesta romaner ligger kring 60,000 ord och uppåt. Mina egna storpocketböcker Riksväg 80 och Röd Skugga, har ca 25,000 ord var. I den utformning som de har så blir det ungefär 125-130 sidor, vilket jag tycker är lagomt.

Nu har mina böcker lite större texthöjd än normalt, och designen generellt är för att göra dem lättlästa. Du kanske vill följa lite mer gense regler, använda Arial eller Times i 12 punkter, och sätta en bok som ska publiceras i hard-cover (dvs inbunden). Du kanske vill ha 250 sidor och göra en riktigt stor, fin roman. Då kommer du antagligen också att behöva skriva närmare 60,000 ord för att hamna där.

Kort brukar man säga att en novell är någonstans upp till cirka 10,000 ord. Det vill säga allt från ett enda ord – och uppåt. Kan du skriva en novell med en mening? Det finns en del intressanta korta noveller – googla dem och få lite inspiration!

Novella, novellete – det finns många ord för det som existerar mellan novell och roman. Beroende på vem man frågar så är allt upp till 60,000 ord novellas. Men det är sanning med stor modifikation, eftersom flera av världens mest kända romaner har färre ord än så.

Kanske vill du skriva en novellsamling. Det kan vara en mycket bra metod för någon som aldrig skrivit förut. Att då skriva tre-fyra noveller på 3,000 – 7,000 ord var kan skapa något fantastiskt och riktigt intressant. Att sätta ett mål på 3,000 ord, vilket är enbart lite drygt tretton sidor, känns inte som ett oöverkomligt mål ens för den mest ovilliga författare.

Henry Ford brukar tillskrivas citatet *"Oavsett om du tror att du kan, eller inte kan, göra något – så har du rätt."* (Min egen översättning.) Överfört till författande så innebär det kort och gott att du kommer att lyckas med det du företar dig – men enbart om du sätter upp ett realistiskt mål och arbetar mot det.

Arbeta är nyckelordet här. Du måste skriva. Men skriva är enkelt. Det är bara att trycka på tangenterna i rätt ordning.

De nya fina ordbehandlare som finns, t ex Word och OpenOffice Write, har ord-räknare inbyggda. Du behöver alltså inte själv sitta och räkna hur många ord du skrivit. Beroende på vilken program-vara du använder så hittar du den funktionen i menyn – men på lite olika ställen.

I Write (OpenOffice, finns gratis här: http://www.openoffice.org/) så ligger den funktionen i menyn under Verktyg > Räkna ord.

Det kan nu också vara bra att fundera på upplägget för försäljning – inte ingående, men iallafall så att du har en idé om hur du tror att du vill göra. En 250-sidors roman med hårda omslag kostar betydligt mer att trycka än en pocketbok på 125 sidor. I och med det blir priset för kunden också högre. Mina böcker i Atomkrig 1981-serien har ett utgångspris på $14.95, US Dollar, vilket är cirka 130 svenska kronor med dagens kurs. När boken sedan distribueras läggs olika påslag på. Hos Adlibris kostar Riksväg 80 t ex 181 kronor, just nu, medans samma bok hos Bokus kostar 211 kronor.

Beroende på hur mycket du tror att just dina kunder kommer att vilja betala för din bok, så bör du också fundera på hur du vill publicera den. Hårda eller mjuka pärmar? Svart-vitt eller färgtryck på inlagan? Hur många sidor? Allt detta sätter olika utgångspriser, vilket styr slutkundspriset.

Jag kommer att gå igenom mer om detta i avsnittet om tryck – men redan nu bör du fundera lite på hur du vill göra. När du läst hela den här boken så har du all information du behöver – och då kan du ta beslut om exakt hur din bok ska se ut.

Oavsett hur du sedan går vidare att lägga upp din bok i kapitel eller sektioner, bilder eller utan bilder, så behöver du skriva själva boken. Du gör detta i din ordbehandlare. Enklast är att använda Times, 12 punkter, med dubbelt radavstånd. Det blir lättast att läsa för dig, och enklast att hantera i slutändan.

Gör tydliga avgränsningar mellan kapitel och sektioner, gör ett tydligt index om du behöver det och skriv förord och sådant separat. Se till att det är enkelt för dig att i ett senare läge göra ändringar. Om du på något ställe har flera olika idéer – och kan inte riktigt välja vilken du ska ha – skriv då ner alla idéer, efter varandra eller med någon form av notering (även detta skiljer sig mellan programvaror).

Konflikt är som sagt det viktigaste i din bok. Men för att den överhuvudtaget ska gå att läsa, så måste berättelsen vara förståelig och skriven med bra språk och grammatik. En stor fördel med dagens ordbehandlare är också dess inbyggda stavningskontroll. Använd den!

Din story behöver såklart inte vara logisk – men det underlättar. Kanske gör du en experimentell roman där läsaren själv måste lösa gåtor? Eller kanske skriver du en lättsam, och enkel, komedi? Det finns inga regler för hur just din bok ska skrivas – det bestämmer du själv.

Men du behöver ändå bestämma dig för sidantal, och därigenom antal ord, din berättelse (och därför också skriva ett synopsis, och gärna en pitch) – och dessutom bestämma hur din bok skall läggas upp, presenteras och tryckas.

Eftersom trycket är en riktigt viktig bit så behöver vi gå igenom det redan nu. Du måste nämligen bestämma dig ganska tidigt för vilket format din bok skall ha – annars vet du inte hur du ska layouta bokens inlaga och omslag, och du vet inte vad den kommer att kosta eller hur mycket du kommer att tjäna på varje exemplar.

Tryck och distribution

Det jag beskriver i den här boken är print-on-demand via det amerikanska bolaget Lulu. Du hittar Lulu på: http://www.lulu.com

Det är gratis att skapa en användare där. När du gjort det så kan du börja botanisera i de olika tryckprodukterna och själva websiten. Kanske hittar du ett par böcker du gillar också – för Lulu har tusentals, kanske hundratusentals, böcker, utgivna av författare som dig och mig.

Hos Lulu betalar du ingenting för att få din bok upplagd i deras index. Du betalar heller ingenting när en bok köps, trycks och skickas till en kund. Istället läggs hela den kostnaden på köparen. Du kan köpa egna exemplar till självkostnadspris – men du måste inte.

Till skillnad från de flesta andra print-on-demand-bolag (POD) som finns därute, så behöver du alltså aldrig betala en enda krona till Lulu, om du inte vill!

Det är alltså fullt möjligt att ge ut böcker – och inte spendera någonting alls!

För att dock få ut din bok på fler platser än enbart Lulus egen website, t ex distribuerad till Bokus, Adlibris, CDON och andra websiter i Sverige, så måste du dock köpa minst ett exemplar själv från Lulu. Detta måste du göra för att se det fysiska exemplaret och godkänna det. Du kan via Lulu också ge ut e-böcker – och i ett senare kapitel kommer jag in på hur du även lägger till detta. Just nu koncentrar vi oss dock på de fysiska exemplaren.

Lulu har någonting de kallar för GlobalREACH. GlobalREACH är internationell distribution av dina böcker. Dina böcker hamnar via GlobalREACH i Ingram-katalogen – ett enormt stort index, en gigantisk databas, med all världens böcker – i princip.

Via Ingram plockas dina böcker upp till bokhandlare, över hela världen. Oavsett vilket språk du skriver på så hamnar dina böcker hos bokhandlare i Japan, England, Sverige – kort sagt globalt, internationellt. Detta är också kostnadsfritt – förutom det där exemplaret du måste köpa och godkänna, innan boken går ut i GlobalREACHs distribution.

GlobalREACH har ett par andra regler också – kortfattat går de ut på att din bok måste ha ett visst format och förhålla sig till vissa lagliga regleringar. Du kan läsa igenom GlobalREACH regler på Lulus website. Du bör sätta dig in i reglerna så att du inte gör något fel. Om du gör något fel kommer din bok inte att plockas upp i distributionen innan felen är korrigerade.

Framförallt är det två saker du absolut måste ha för att kunna få in dina böcker i internationell distribution. Dessa är:

1. Ett ISBN-nummer.
2. Korrekt format.

ISBN-nummer får du antingen via Lulu (de ger ut gratis amerikanska ISBN-nummer till dina böcker), eller via ISBN Centralen, Kungliga Biblioteket.
Du når dem här: http://www.kb.se/isbn-centralen/

Det finns fördelar och nackdelar med bägge. Fördelen med ett amerikanskt ISBN är att du hamnar bättre till i vissa söktjänster på amerikanska websiter. Om din bok är på engelska och riktar sig till amerikanska läsare, så kan det alltså vara en fördel med ett amerikanskt ISBN-nummer.

Ett svenskt ISBN-nummer är dock krav om du skall söka efterhandsstöd från Kulturrådet (jag går in på det i ett särskilt kapitel) eller på annat sätt vill att din bok skall förknippas med Sverige.

Observera att du även måste skicka in pliktexemplar – minst två stycken för POD-böcker – till Kungliga Biblioteket. Även detta står hur du går till väga med på websiten ovan.

ISBN-nummer är gratis. Du måste dock ha ett förlag för att få ISBN-nummer från Sverige. Hos Lulu kan du få gratis ISBN-nummer även om du skriver som privatperson (men observera att dina inkomster fortfarande måste deklareras i Sverige – jag berättar lite mer om det nedan).

Observera att din boks ISBN-nummer är unikt! Du kan, och får, alltså inte använda samma ISBN-nummer på flera böcker! Du måste därför noga anteckna vilket ISBN-nummer som gäller för respektive bok.

När du valt ISBN-nummer från någon av tjänsterna ovan, så är det dags att välja format. Lulu erbjuder mjuka eller hårda pärmar. Hårda är dyrare – men exklusivare. Alla böcker har färgomslag – men du kan välja om inlagan ska vara i färg eller ej.

Du kan dock enbart välja ett par olika format för att nå ut internationellt. När du klickar dig fram i Lulus administrationspanel så kommer du att se vilka format som fungerar för internationell distribution. Dessa är markerade med en symbol som betyder "Eligible for retail distribution". Detta betyder att just det formatet ingår i GlobalREACH, och att boken därför kan komma att ingå i Ingram-katalogen, och därefter hamna hos t ex Bokus, CDON och Adlibris.

Välj därför ditt format med stor omsorg!

När du väljer format kommer du också att se hur mycket pengar du kommer att tjäna på respektive såld bok. En bok med formatet 6x9 tum (dvs ca 15x23cm), mjuka pärmar (storpocket) och 100 sidor, kostar (när den här boken skrivs) $3,25 USD att producera hos Lulu. Detta är ditt pris, eller din kostnad.

Om du då säljer boken för $10 USD hos Lulu, så kommer du alltså att tjäna $6,75 USD per såld bok (i skrivande stund ca 58 svenska kronor). Ju mer du vill tjäna per exemplar, ju dyrare blir boken. Det är därför viktigt att du funderar igenom hur mycket dina kunder kan tänkas vilja betala. Finns det andra liknande böcker? Isåfall, hur mycket kostar dessa i affärerna? Vill du ha ett högre eller lägre pris?

Fraktkostnader läggs också på – men dessa betalas alltid av kunden i fråga.

Det är fullt möjligt att välja att inte tjäna någonting alls, men det är nog inte att rekommendera.

När du går igenom och väljer format kommer du även att få information om någonting som heter "spine measurments". Detta är mycket viktigt att du kontrollerar och skriver ner – men enbart när din bok är komplett och färdigskriven, eftersom du måste veta exakta antal sidor för att få det exakta "spine measurment".

Spine betyder rygg – så det är alltså storleken på ryggen på din bok. Du behöver veta detta eftersom du måste göra omslaget i korrekt storlek. Ju fler sidor, desto tjockare rygg.

Mer än så kan du egentligen inte göra förrän din bok är färdigskriven. Du måste ha en färdig text för att kunna gå vidare med layout och design.

Layout och design

När du skrivit färdigt din bok måste du layouta den. Det går att skapa tryckfärdiga filer även från OpenOffice Write och Microsoft Word – men det är inte lika effektivt, och du har färre valmöjligheter. Det är "säkrare" kan man säga, och snyggare, att använda sig av ett layoutprogram.

Det jag själv använder är Adobe InDesign. Men det finns andra, t ex QuarkXPress och Microsoft Publisher. Använd det program du är bekvämast med. Om du precis fått ett layoutprogram som du inte använt tidigare – eller du inte är helt bekväm med det du har – så sök på YouTube efter programnamnet. Du kommer att få upp massor av filmer som lär dig hantera just det programmet. Detta kommer du att ha nytta av när du gör layouten till både inlaga och omslag.

När du skall skapa din designfil, den tryckfärdiga PDF:en, av inlagan, är det viktigt att du redan bestämt din boks format. För en storpocket som skall distribueras internationellt så är 6x9 tum alltså ett bra format.

Skapa då ett dokument i ditt layoutprogram som har denna storlek. Använd tum (inch) när du gör inställningarna från början eftersom konverteringar inte alltid blir exakta. Kontrollera mot Lulus olika format så att du vet att det blir rätt.

Beroende på vilket program du använder så kan du nu börja med att lägga in texter och bilder (om du har några). Observera att du inte ska lägga in omslaget – du ska enbart göra inlagan först.

Inlagan måste dock göras på ett mycket specifikt sätt.

Det här upplaget är ett krav:

1. Första sidan skall enbart innehålla titel och författare.
2. Andra sidan bör vara impressum – dvs tryckdata, ISBN-nummer, copyrightinformation, tryckplats och t ex din websidelänk.
3. Från sida tre kan du börja lägga in din boktext. Jag brukar dock lägga in en till titelsida med förlagsinformation, samt lämna sida fyra blank, och från sida fem lägga in boktexten.
4. Sista sidan måste vara blank – helt utan någon information alls.

Om din inlaga inte är upplagd enligt ovan kan Lulu vägra att trycka den – och den kommer inte att få distribution. Läs noga Lulus regler för hur inlagan skall vara skapad, då reglerna kan ändras.

Beroende på vilket format du valt så kan din inlaga använda enbart svart-vitt, eller färg. Läs noga på vilket format du väljer för att se vad som gäller för just din bok. Är det enbart svart-vitt så kan inte färgbilder inkluderas, och färgade texter etc., kommer inte att bli tryckta som du skapat dem.

När du layoutar boken kan det vara bra att ha lite andra, liknande, böcker i närheten. Du vill gärna titta på andras böcker och se hur de har gjort. Har de numreringar – isåfall var? Vilka typsnitt och storlekar använder de? Du måste ställa in allt själv – allt från typsnitt, till storlek på tecknen, till radavstånd, färger – och hur texten skall disponeras på sidan. Kom ihåg att se till att det finns marginaler på bägge sidor av boken – annars blir det svårläst.

Printa gärna ut en sida eller två, på en svart-vit laserskrivare, i 100% storlek, så att du ser hur texten faktiskt kommer att tryckas i boken. Om det ser konstigt ut för dig, kommer det att se ännu konstigare ut för dina läsare.

Luft mellan bokstäver, mellan rader och i marginalerna, gör det lättare att läsa. Men för mycket luft gör det svårare. Att skriva versalgement, det vill säga med stora och små bokstäver, gör det enklare att läsa.

Avstavningar och rader som börjar på sista raden av en sida, eller slutar på första raden av en annan sida, bör man också undvika för läsbarhetens skull. Ibland är det såklart omöjligt – men försök i största mån att göra det lätt för läsaren.

Om du har andra böcker som underlag för din egen layout så kommer du att kunna skapa någonting som ser snyggt och läckert ut – och som dina läsare tycker är bra. Det är inte särskilt svårt att skapa inlagan till en bok – och därför kommer du säkert inte att spendera mycket tid på just den här layouten.

Var dock mycket noga med att sidorna innehåller det Lulu bestämt att de ska innehålla, så kommer det hela att gå bra.

Omslaget däremot kan vara lite mer krångligt. Vi kommer till det nedan.

När du är klar med din inlaga så måste du kontrollera att antalet sidor är delbart med fyra (4). Anledningen till det är att alla böcker trycks i ark, och på varje ark går fyra sidor. Om du har 131 sidor i din layoutade bok så kommer Lulu att lägga till en blank sida i slutet – men det kan också hända att boken inte trycks eller att det varnas när du laddar upp inlaga-filen.

Lägg till blanka sidor i slutet så att du fyller ut och ser att antalet sidor är jämt delbart med fyra. När du är klar med inlagan – spara den då som en högupplöst PDF. Det är viktigt att du inte väljer någon hård komprimering (dvs att dina bilder blir mindre i storlek), utan att du väljer att spara ner PDF:en för "print" eller "högupplöst tryck" eller vad den inställningen heter just för dig, i ditt program. Detta bör du kunna läsa dig till, eller se en film om på YouTube, beroende på vilken programvara du använder. Lulu har också en del tips om hur du går till väga.

Du ska sedan ladda upp din PDF till det projekt hos Lulu som är just den bok du ju jobbar på. Därefter är det bara att fortsätta och designa ditt omslag!

Omslag

Att layouta ditt omslag till din bok är lite mer komplicerat än att designa inlagan. Lulu har ett par olika alternativ för hur du skapar omslaget. Antingen kan du göra det som en enda bild, som du sedan sparar ner som en högupplöst PDF, och laddar upp. Eller så kan du göra omslaget i flera delar.

Jag väljer oftast att göra hela omslaget i ett stycke. För att göra detta enklast använder jag mig av Adobe PhotoShop. Det finns andra liknande programvaror, t ex gratisprogrammet Gimp (som du kan ladda ner gratis här http://www.gimp.org/). De flesta bildbehandlingsprogram har liknande funktioner – och även här kan du googla exempel eller se så kallade "tutorials" på YouTube.

När du skapar omslaget (jag förklarar främst här omslag skapade i ett stycke) så är det viktigt att du har måttet som heter "spine measurment". Lulu förklarar var detta börjar, hur stor ryggen skall vara och vilken upplösning du ska ha på din bild. Skriv in dessa pixelmått i ditt bildbehandlingsprogram så kan du börja skapa ditt omslag.

Var noga med att läsa ordentligt på Lulu om det ingår utfall eller ej. Oftast gör det det med ca 3-5mm. Isåfall skall bilder (som ska vara utfallande, dvs fortsätta ända till kanten på boken) gå ända ut till kanten – de blir då "beskurna". Detta område försvinner – blir bortskuret – på grund av hur efterbearbetningen av omslagsbilden går till. Var därför noga med hur du lägger bilder och texter så att ingenting försvinner.

Markera noga var ryggen börjar och slutar och var dina utfallsmarginaler är. I de flesta bildbehandlingsprogram finns stödlinjer och/eller linjaler som du kan dra ut och lägga på de ställen där ditt omslag börjar och slutar. På så sätt vet du att din framsida inte går in över ryggen – och vice versa.

Kom ihåg – om du gör ditt omslag i ett stycke – att den vänstra delen av omslagsbilden är baksidan, och den högra delen är framsidan. I mitten ligger ryggen (spine).

Även här kan det vara vettigt att ha ett par andra böcker i närheten och kika på hur de har gjort.

Kom ihåg att du inte kan kopiera bilder från någon annan – det är ett upphovsrättsbrott! Om du ska ha bilder, t ex fotografier eller illustrationer, på omslaget så måste du äga bilderna.

Du kan antingen teckna bilder själv, ta egna fotografier – eller så kan du köpa bilder på internet. Det finns många olika websiter som idag säljer bilder, både tecknade och fotografier, som lämpar sig väl för omslag. Dreamstime, iStockphoto och Shutterstock är några stora företag som säljer bilder – men den jag använder mig mest av är CanStockPhoto (http://www.canstockphoto.com/). Detta på grund av att de helt enkelt är billigast.

Typsnitt finns det många hos DaFont (http://www.dafont.com/). Det kan ju vara kul att ha en lite roliga font på titeln, t ex.

Var dock noga med att läsa regler och villkor, både hos DaFont och de olika stockfotobolagens websiter. Inte alla bilder och typsnitt går att använda för omslag till böcker. Din bok kommer att räknas som ett kommersiellt projekt, och därför måste du ofta betala licenser för typsnitt, eller köpa andra licenser för bilderna. Det kan därför vara bra att titta efter alternativa bilder och typsnitt så du inte slösar för mycket pengar på omslagsmaterialet.

Men jag har ju lovat att det går att göra en bok helt utan kostnad. Det är korrekt. Genom att använda de typsnitt som redan är förinstallerade i din dator, så kan du skapa ett omslag utan att köpa loss några. Bilder kan du rita själv – eller varför inte ta en eller två med din mobilkamera? Använd din fantasi och skapa även ditt helt egna omslag, utan kostnad!

I ditt bildbehandlingsprogram kan du sedan retuschera bilderna, ändra färger, upplösning och sådant som transparens, skärpa och lägga till olika filter. Du kan göra väldigt mycket med ditt omslag för att göra det intressant, tankeväckande och köpvänligt.

Försök skapa ett omslag som är lockande och som driver dina läsare att vilja ha din bok. Om du skriver om att odla orkidéer så bör du såklart ha vackra blommor på omslaget – men gör du en actionpackad fantasybok om drakar så måste du ju ha ett häftigt monster på omslaget också.

En sak som du absolut inte får glömma bort är att lägga ISBN-koden på baksidan av omslaget. När du går igenom projekt-formuläret hos Lulu så kommer du att få en nedladdningsbar ISBN-fil – en bildfil – som du ska lägga in på ditt omslag. Normalt lägger man det i nedre högra hörnet (med marginaler) på baksidan av boken – men kika gärna på andras böcker för att få lite inspiration. Du ska inte förminska ISBN-koden – den måste ha en viss storlek och gå att läsa. Normalt så sätter man denna svarta streckkod mot en vit bottenplatta. Undvik färger eller andra texter, såsom priser vid ISBN-koden.

Andra böcker kan ha prisuppgifter vid steckkoden, men det bör man undvika här eftersom du kan förändra priserna under försäljning. Det är inte heller säkert att Lulu behåller samma regler i framtiden, och då kan det vara bra att ha undvikit sådan information som lätt blir otidsenlig.

När du är klar med omslaget ska även det sparas ner som en PDF. Även här måste du kontrollera att filen inte blir för hårt komprimerad och att den sparas ner rätt. Om du har en färgskrivare kan du skriva ut en i 100% upplösning och se om någonting ser konstigt ut.

Ibland gör man olika versioner av omslaget. Se då till att spara alla. Glöm inte bort att göra backuper – det kan vara bra att gå tillbaka till en tidigare version och se vad som fungerade – och inte fungerade – på den. I PhotoShop kan det t ex vara bra att spara ner omslagsfilerna som PSD när du arbetar med dem. Då sparar du även ner bildfilens olika lager.

När du har din omslags-PDF färdig ska du ladda upp den hos Lulu i det tillhörande projektet.

Lulu, GlobalREACH

När du nu har laddat upp PDF:erna som tillhör din bok så är du egentligen färdig med bokproduktionen. Nu börjar försäljningen!

Det första du bör göra är att köpa ett exemplar själv – om du vill att boken ska säljas via GlobalREACH och nå ut till Ingram-katalogen och världens alla internetbokhandlare.

Om du väljer att enbart sälja via Lulu så behöver du inte lägga några pengar på att köpa några egna exemplar (även om det såklart alltid är roligt att se sin egen bok i fysisk form).

Du behöver inte beställa enbart ett exemplar. Du kan självklart beställa fler. Det kan ju vara kul att försöka sälja några exemplar till vänner, bekanta och familj – och det lokala biblioteket kanske också är intresserad av en bok?

När du beställt och fått hem ditt exemplar kan du göra ändringar (ladda upp nya PDF:er och välja "revise" hos Lulu vid projektet) eller godkänna boken. Om du gör ändringar måste du beställa ett nytt exemplar som du senare ska godkänna för att den ska få internationell distribution.

Om du godkänner boken så läggs boken upp i GlobalREACH. Det tar då cirka en månad innan den når ut till bokhandlare på internet – globalt. Sök på de olika internetbokhandlarnas websiter för att se om de plockat upp din bok.

Ibland kan titel och informationstexter bli fel, så det är bra om du kontrollerar din bok själv, så att du kan maila dem rättelser.

Marknadsföring
- din egen website

Att skriva en bok, få den publicerad och distribuerad är idag faktiskt betydligt enklare än att få den såld. Bara för att den finns till försäljning betyder inte att den kommer att bli köpt. Det kanske du inte bryr dig om – kanske vill du bara göra en bok, trycka den och visa för dina vänner. Gott så! Men om du är ute efter en mer varaktig hobby, som kan bli ett framtida jobb, så behöver du göra mer än "bara" skriva en bok och publicera den.

Om du gått igenom den här boken fram tills nu, skrivit din bok, publicerat den på Lulu, fått ut den på GlobalREACH – och därigenom har din bok till försäljning på massor av bokhandels-sidor över hela världen – då är det verkligen på tiden att du också börjar göra marknadsföring.

Egentligen börjar marknadsföringen tidigare än så. Här kommer jag att gå igenom de kostnadseffektivaste metoderna, och de som har störst potential – men det finns även annat du kan göra, som t ex gå runt med flygblad på stadens gator och torg eller åka på boksignerarturné (hur du gör det kommer jag dock inte alls att gå in på). Att marknadsföra din bok lokalt, fysiskt, kan vara ett av de bättre sätten att få ut vetskapen om ditt verk.

Främst bygger min egen marknadsföring på mitt eget förlags website (http://www.penguincomics.com). Trots namnet så publicerar jag idag mest böcker – men det startade som serie-fanzineutgivning, och därefter har namnet levt kvar.

PenguinComics-sidan är uppbyggd kring en blogg. I grunden är det en Wordpressblogg som är enkel att uppdatera och hantera. Men folk måste hitta dit också.

Jag har ju lovat att du ska kunna ge ut din bok, publicera den och få den distribuerad utan kostnader – och så här långt har jag hållit mitt ord. Men när det kommer till effektiv marknadsföring så är du tyvärr tvungen att öppna plånboken. Det går fortfarande att använda en gratisversion av Wordpress, via deras egna website (http://www.wordpress.com), men för att få rejält med besökare, och därmed köp, så rekommenderar jag att du sätter upp en helt egen website och egen blogg.

Allt som jag skriver nedan går dock att applicera även på gratisversionen ovan – så det är alltså fullt möjligt att genomföra mycket – inte all – av den marknadsföring jag beskriver utan kostnader.

Om du vill skapa en egen website så föreslår jag att du gör det för ditt "förlag". Om du bara tänker ge ut en bok, eller en enda bok i en "serie" (så som jag gör med Atomkrig 1981-böckerna) så kan du förvisso starta en website enkom för den boken, eller den romanserien. Men om du i framtiden kanske ger ut en fantasybok vid sidan av din orkidéeodlingsbok – då rekommenderar jag en mer övergripande website för hela ditt "förlag" (ditt framtida företag – om du inte redan har ett).

En website behöver två saker:

1. Ett namn – dvs en domänadress.
2. En plats – dvs en webhost, där din websites text och bilder finns.

Domänadresser kan man köpa på många olika ställen. Jag använder mig främst av GoDaddy (http://www.godaddy.com).

Anledningen till det är att det helt enkelt är billigt och enkelt. Där kan du registrera allt från de nyare, lite mer udda, domänerna som slutar på .rocks, .club och sådant – till de mer traditionella .com .org och den svenska .se-domänen.

Riktar du in dig mot amerikanska kunder föreslår jag en .com-domän, men kommer du att enbart ha svenska så bör du titta på en .se-domän. Det har mindre och mindre betydelse det här, men det kan vara bra att använda sig av sådant som besökare är vana vid.

Sök på GoDaddy (eller någon annan domänförsäljningstjänst – de kallas registrars) efter ett namn som passar dig. Skriver du enkom om draken Egon så kanske din domän ska heta DRAKENEGON. SE. Heter förlaget Blomsterböcker Förlag AB, så bör du kanske hitta en domän som liknar det – BLOMSTERBOK.COM, t ex.

Men du väljer själv!

När du köpt en domänadress så behöver du köpa vad som kallas webbplats. Detta gör man hos ett företag som kallas en webhost. Själv använder jag Hostgator (http://www.hostgator.com). Det är en amerikansk host med bra priser. Du kan använda vilken du vill – men den stora fördelen med Hostgator (som förvisso finns även hos andra – men kontrollera det först innan du köper något) är att du kan installera en Wordpressblogg väldigt enkelt – genom ett par få knapptryck.

Denna funktion gör det enkelt för dig att skapa en egen Wordpressblogg på din egna, nyinköpta, domän. Du behöver byta namnservrar på domänen – detta står förklarat hur du gör hos din webhost och hos företaget du köpt domänen av. Bytet av så kallade namnservrar är det som länkar ditt namn med din webbplats.

När du väl länkat samman domänen och webhosten och skapat en Wordpressblogg – så har du i princip en website uppe. Det du behöver göra är att logga in på din nya Wordpressblogg och göra ett par få inställningar. När du installerade Wordpressbloggen (genom ett par knapptryck), så ska du ha fått loginuppgifterna till bloggen.

Det första du bör kontrollera är att allt är uppdaterat. Det brukar bloggen säga till om själv. Följ instruktionerna på skärmen så går det automatiskt.

Därefter bör du byta tema. Du går till det som heter "Apperance" till vänster i menyn. Där finns en undermeny som heter "Themes". Välj denna och ta sedan "Add new". Där kommer du att kunna finna massor av olika, häftiga, teman som du kan använda för din blogg. Välj och vraka – du kommer nog inte att välja rätt direkt, och var inte orolig för att installera för många.

Det kan vara bra att därefter gå igenom ett par inställningar, såsom namnet på din blogg, emailadressen till dig och sådana saker. Detta gör du i menyn som heter "Settings". Gå igenom varje undermeny var för sig. Var noga med att spara dina ändringar.

Om du inte förstår allt på en gång – var inte orolig. Även för Wordpress finns mängder av så kallade tutorials (hjälpmaterial) både på YouTube och via Google. Om det är något du inte förstår

– försök googla efter det. De flesta problem du stöter på med Wordpress har någon annan stött på innan.

Det underlättar såklart om du kan engelska – men Wordpress finns även på svenska. Du kan behöva göra lite olika inställningar – men både teman och administrationspanelen ska du kunna ändra till svenskt språk. Men i den här boken är det de engelska beskrivningarna jag använder mig av, eftersom det är standard.

När du så bekantat dig med Wordpress kan du skriva ditt första blogginlägg. Detta gör du genom att välja menyn "Posts" och sedan "Add new". Här skriver du en rubrik – och sedan brödtexten.

Du kan lägga till bilder, och sedan ange vilken kategori inlägget ska sorteras under, vilka nyckelord som hör ihop med inlägget – och så vidare. Kategori kan t ex vara "Nya böcker" (du kan beskriva och skapa dessa kategorier själv) och nyckelorden (som kallas "tags") bör vara sådana som dina besökare troligen kommer att söka efter – och som du vill att de ska hitta ditt inlägg genom. Om du skrivit en text om din nya spännande bergsklättrarthriller så kan dina tags t ex vara bergsklättring, thriller, ny, bok och så vidare.

Egentligen behöver du inte göra mer än så på själva websiten. Det är förstås bra om du kan göra ytterligare ett par förändringar – men det kräver mer djupkunskap.

"Pages" (sidor) kan vara bra att bekanta sig med (prova och testa dig fram!), samt "Widgets" (under menyn "Apperance") samt "Plugins".

Widgets styr vad som visas i kanterna (på en del teman), bredvid dina blogginlägg. En Widget kan göra allt från att visa en bild på ditt bokomslag till att visa nya uppdaterade Twitterinlägg, eller länkar till en annons eller varför inte en almanacka med datum då du är på signerarturné.

Widgets finns det en uppsjö av – du kan söka efter nya i administrationspanelen.

Plug-ins är små "program" som ligger i bakgrunden och egentligen inte syns – men gör en massa nyttigt. Detta kan vara häftiga "sliders" som visar bilder i animerat format – eller kontaktformulär etc. Även Plug-ins finns det massor av – allt från gratis till sådana som kostar pengar.

Självklart kan du använda andra liknande system för din website. Alla behöver ju inte använda Wordpress. Men Wordpress har blivit lite av en standard, och med tanke på hur enkelt det är att sätta upp och driva, så är det ett system som lämpar sig väl, både för nybörjare och de mer erfarna. En annan stor fördel är ju att det går att använda utan kostnader.

Marknadsföring
- *andra medier*

Du behöver göra marknadsföring utanför din website också. Din website är ett bra fönster för potentiella läsare av din bok – men dit hittar egentligen bara de som verkligen är intresserade av vad du skrivit. För att locka dem till din website – eller till någon bokhandel som har dina böcker – behöver du även göra annan marknadsföring.

Facebook och Twitter kan vara bra verktyg för detta. Det tar ett tag att komma igång med bägge dessa och få dem att fungera ur marknadsföringssynpunkt – men för många små hobbyförfattare så kan dessa två platser vara fullständigt oumbärliga.

Facebook (http://www.facebook.com) och Twitter (http://www.twitter.com) är bägge gratis att registrera sig på.

På Facebook publicerar du ditt nya omslag, kanske ett utdrag ur din bok – och såklart länken till din webbplats. Eftersom din bok säljs på så många ställen (om du valt GlobalREACH) så är det bättre att lägga alla dessa länkar på din website (googla efter dem och lägg in dem i ett inlägg eller ny sida på din blogg) och skicka dina potentiella läsare till den länklistan. Därefter kan de välja själv vilken bokhandel de vill köpa din bok på.

För dig spelar det ju ingen roll – du tjänar ju pengar oavsett om din bok säljs via CDON, Amazon eller någon annan bokhandel.

På Twitter kan du skriva korta inlägg – och ofta. Det är effektiv marknadsföring om du använder dig av hashtags som beskriver det du författat om. T ex #blommor, #boktips, #fantasy och så vidare. Du kan söka efter andra hashtags på Twitter – och du kan också twittra bilder och videos. Kom ihåg att lägga med en länk! En länk till din webbplats kan vara bra att ha med i de flesta – kanske inte alla – av dina tweets.

Något som de flesta inte tänker på när de skriver böcker är att marknadsföra sig via video och musik. Det går nämligen att göra bägge. YouTube (http://www.youtube.com) är också gratis att registrera sig på – och där kan du lägga upp dina egna videos.

Med en mobiltelefon kan du filma egna videos – men du kan också göra videos via videoediteringsprogam som t ex Adobes Premiere (det finns gratisprogramvara för videoeditering också).

Om du gör en kort video, lägger på en snutt musik eller ljudeffekter (observera att du bara kan använda bilder du köpt och musik du har rätt att använda – t ex friköpt musik) så kan du lägga upp denna på YouTube som en reklamfilm för din bok. Beskriv i filmen, och i texten under videon, vad din bok handlar om – och lägg till domänadressen till din webbplats.

Sen lägger du förstås upp videon i ett inlägg på din blogg. På You-Tube klickar du på "dela" och använder sedan den länken för att lägga in den på din blogg.

Det går också att använda sig av musik. Om du använder Spotify (http://www.spotify.com) kan du göra låtlistor.

I min bokserie Atomkrig 1981 så lyssnar huvudpersonen på en hel del 80-talsmusik i en Walkman. För att göra det lite roligare för mina läsare – och få andra att uppmärksamma böckerna –

så gjorde jag en låtlista på Spotify med alla låtar som huvudpersonen lyssnar på. På så sätt använder jag musik som berör mina böcker, på ett helt lagligt sätt. Jag har sedan lagt en länk på mitt förlags website till Spotifyplaylistan – och Twittrat om den också, såklart.

Det finns massor av andra bra marknadsföringsmetoder – Pinterest, Flickr, StumbleUpon och så vidare – det finns en stor mängd sociala siter där man enkelt kan dela länkar och marknadsföra sig själv, sina böcker och sitt förlag.

De flesta av dessa websiter är dessutom gratis att använda sig av. Det är bara tiden och fantasin som sätter gränsen!

Marknadsföring
- press

Att du skrivit en bok är något som en hel del andra människor faktiskt vill veta. Var därför inte blyg – utan rid på vågen att du skrivit klart, fått den publicerad och distribuerad. Kontakta bloggare som skriver om ämnet du skriver om i boken – men kontakta även lokaltidningar, lokalradio och lokal-TV.

Alla journalister kommer inte att kasta sig över din bok – inte heller alla bloggare. Men många vill nog ha ett recensionsex.

Här kan det förvisso börja kosta pengar – för du måste köpa böckerna från Lulu. Se dock till att ha gjort det i god tid innan, för tryck och leverans kan ta någon vecka. Det blir lätt lite pinsamt om en journalist vill intervjua dig och du inte har någon tryckt bok hemma.

Recensioner på bloggar och på nyhetsmedias websiter ska du självfallet länka till från din blogg. Är det riktigt usla recensioner kan du kanske strunta i en länk – men även de som innehåller negativ kritik bör du länka till. Det får dig att framstå som en vettig författare som till och med tar till sig av det negativa. Men du kan på din blogg alltid spinna det positiva – och strunta i att skriva det negativa, tillsammans med länken.

För press kan det vara vettigt att skriva en press-release. Det är inte nödvändigt – men det kan vara bra ibland. En press-release är egentligen inte mycket mer än en kort beskrivning, cirka ett A4, med tydlig enkel rubrik och kortfattad text. Skicka gärna med en högupplöst bild (men inte alltför stor) på dig själv, och/eller ditt bokomslag. Kontaktuppgifter måste du såklart också ha med!

Blir du intervjuad bör du länka från din blogg även till dessa artiklar – eller TV/radioinlägg, om de finns på nätet. Skriv annars kort om det på websiten, att du blivit intervjuad, samt vilket media och datum.

Den här formen av marknadsföring är nästan den bästa. Det är gratis – men den kommer också ut till massor fler än du gör med Facebook eller Twitter (om du inte har hundratusentals följare förstås!).

Det är också marknadsföring som för läsaren uppfattas som mycket seriös. Den känns heller inte som reklam – även om det ju faktiskt får den effekten.

Det är inte lätt att få media att skriva om dig – men det är helt klart värt ett försök!

Marknadsföring
- *betalda annonser*

För att nå ut mer – till många fler kunder – brukar man dock behöva betala för marknadsföringen. Du kan självfallet köpa annonser hos Aftonbladet och Expressen – men dessa kostar flera tusen och är inte alls säkert att de är värda priset.

Med tanke på att du kanske tjänar max en femtiolapp per bok, och du betalar 15,000 för en liten annons i en sådan tidning – måste du alltså sälja minst 300 böcker för att enbart gå jämt upp. Visst har de massor av läsare – men hur många av dem ser din annons, följer upp den och sen köper boken? Över 300? Bra – då kan det vara värt det! Men om du inte vågar ta den risken så finns det billigare – och ibland effektivare – alternativ.

Google AdWords är ett enkelt och beprövat koncept för att snabbt, enkelt och hyfsat billigt få besökare till sin webbplats.

Logga in på Google Adwords (http://www.google.se/adwords/), skapa en annons, sätt en daglig budget, vilka sökord som annonsen skall visas på – och sätt dig sen tillbaka och se på när besökarna dräller in på din webbplats i drivor!

Iallafall är det tanken. Till en början måste du vara försiktig med din dagliga budget. AdWords drar dina annonskostnader månadsvis, i slutet av månaden efter att dina annonser visats. Så snart någon klickar på en av dina annonser så måste du betala för den. Men du betalar alltså i efterhand.

Om du då har en daglig budget på, säg, $5 USD (ca 43 svenska kronor) så vet du att du inte kommer att behöva betala mer än $155 USD (dvs drygt 1,300 kronor) efter en månad. Men du måste även vara beredd på att du kan behöva betala över 1,300 (budget-systemet är inte exakt, och valutaförändringar kan skapa en högre kostnad) Det kan dessutom mycket väl hända att du sitter där med en 1,300-kronorsräkning – men inga sålda böcker.

Varje gång någon klickar på en av dina annonser – och alltså besöker din website – så kommer du att få betala för det. Om din website då inte inbjuder till köp av din bok – då kommer du såklart inte heller att tjäna några pengar.

Men om din website nu är snyggt upplagd och det är enkelt att slussas vidare till de olika bokhandelssidorna – då kan du tjäna riktigt bra på AdWords-annonser.

En AdWords-annons triggas, dvs visas, när någon söker på det sökord du valt. Du kan välja i princip hur många du vill – men Google stoppar okynnes-ord, dvs om du har en fantasybok om drakjägare så är sökordet ”Volvoväxellådor” helt onödigt. Ingen som söker på volvoväxellådor är troligen intresserad av din fanta-sybok just då – även om det säkert händer. Men ett sådant sökord är för dig slöseri med pengar – och kan göra att din annons inte visas alls av Google.

Korrekta sökord för din drakjägarfantasybok är däremot ”drakar”, ”fantasy”, ”fantasybok”, ”drakjägare”, ”dragon” och så vidare. Det finns säkert hundratals bra sökord för en sådan bok – och AdWords hjälper dig också att finna andra, samt visar potentiella sökningar (baserat på sökhistorik).

Lägg din webbplats som länk till annonsen – skriv en enkel, kortfattad och lättfattlig annons – och sen är du igång. Det tar oftast mindre än tjugofyra timmar innan nya annonser kickas igång av Google. Det är bra om du innan tittar på andras annonser så du ser hur de är skrivna.

Även Facebook, Yahoo, Twitter och andra liknande bolag har annonseringstjänster som liknar AdWords. Dessa kan vara bra att kolla upp. Det som fungerar för en författare kanske inte funkar för en annan – och vice versa. Testa de olika systemen och se vad som fungerar bäst för dig!

Marknadsföring
- *Bokinfo*

En plats som kan vara bra att titta på är Bokinfo (http://www. bokinfo.se) (tidigare Bokrondellen). Härifrån köper flera bokhandlare utanför nätet sina böcker, och har du din bok upplagd här och har fått både recensioner och lite artiklar i tidningar/media, så kan Bokinfo vara riktigt värdefullt.

Det kostar 300 kronor att lägga upp sitt förlag, samt 300 kronor att lägga upp en ny bok (exklusive moms). Om du inte tror att du kommer att sälja särskilt mycket böcker kan det kanske vara värt att hålla tillbaka Bokinfo ett tag.

Samtidigt är det en plats där gamla böcker försvinner i arkivet väldigt lätt. Om du inte är omtalad frekvent i media eller på andras bloggar, kan det därför vara svårt för bokhandlare att veta att du faktiskt finns där.

Du behöver aktivt arbeta med marknadsföringen för att dina böcker ska kunna synas på Bokinfo. Samtidigt är det du själv som får sköta distributionen av böckerna. När någon beställer via Bokinfo så måste du hantera ordern, och se till att det som är beställt levereras på rätt sätt.

Detta innebär oftast att du måste köpa in böcker från Lulu och distribuera till bokhandlarna, samt fakturera dem i efterhand. För ett större förlag är detta nödvändigt – men för en mindre hobbyförfattare kan det lätt bli överkurs.

Överkurs:
Sökmotoroptimering (SEO)

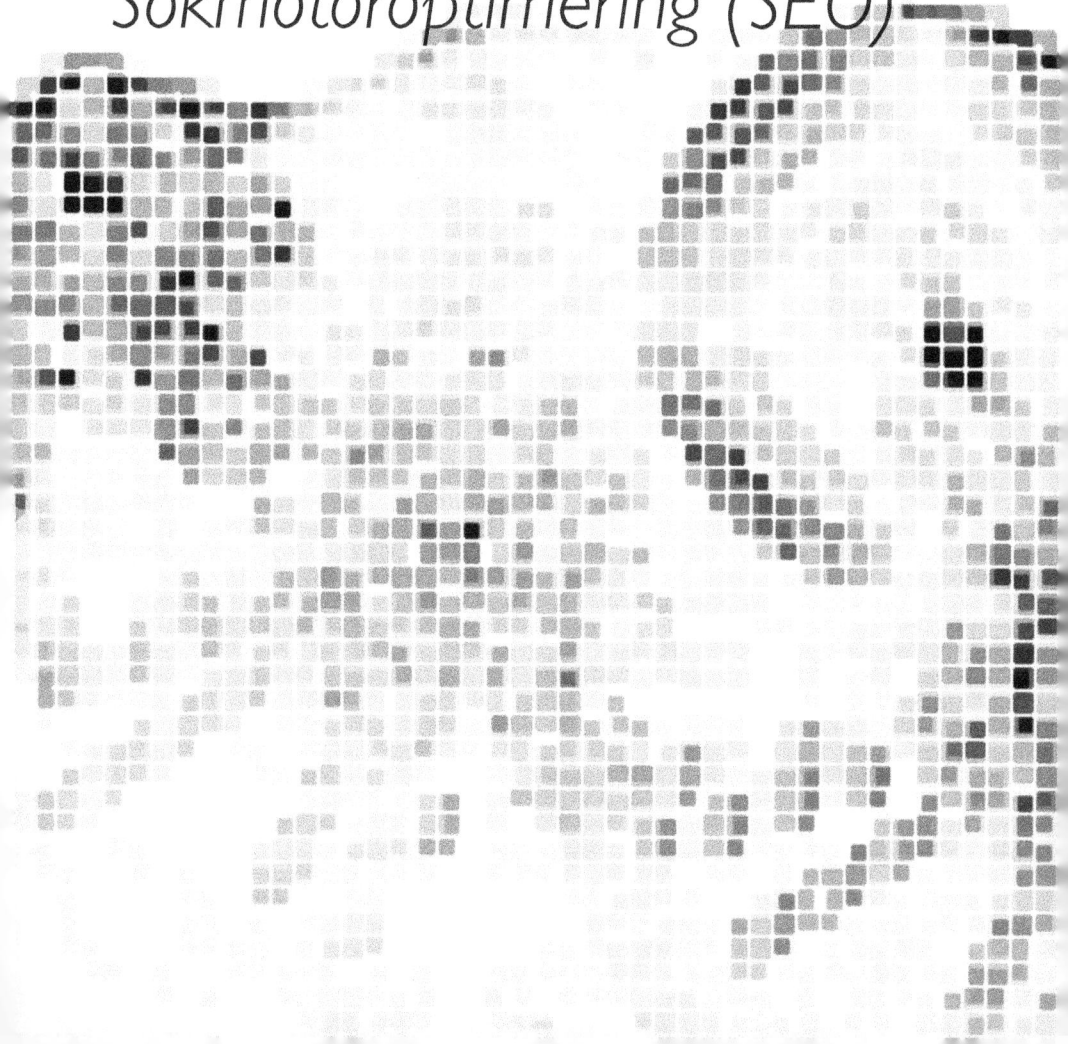

Ingen kommer att hitta din webbplats om du inte gör reklam för den. Marknadsföringen du gör genom Twitter, Facebook och kanske YouTube etc., är naggande god – och den kommer att hjälpa dig till att skapa en fungerande website där många läsare får nöje av dina framtida alster.

Men för att verkligen få rejält med trafik till din sida – det vill säga massor av besökare – så behöver du någonting som kallas sökmotoroptimering (förkortat: SEO). Detta är krångligt och förutsättningarna ändras hela tiden.

Kortfattat och generellt kan man förklara detta med att du gör din website attraktiv för sökmotorer (som Google, Bing, Yahoo etc), och din sida hamnar då högre upp i deras index – det vill säga på de främsta sidorna, eller kanske på allra första sidan, när man söker efter en viss sak.

Om ditt förlag främst ger ut deckare om polisen Agda så vore det ju bra om din blogg hamnade först om man söker på "deckare polisen agda". Det kanske den gör också – eftersom det är en annorlunda och inte så vanlig sökning, men termen deckare däremot – den är mycket eftertraktad.

För att därför hamna högre upp måste du använda de sökord som du vill att dina besökare ska hitta din sida med, i dina blogginlägg. Använd ordet deckare i titeln på ditt blogginlägg och använd det ett par gånger (inte för många gånger) i brödtexten. Även bilderna på ditt omslag ska ha ordet deckare i alt-tags (detta kan du välja att skriva in när du lägger upp bilden via Wordpress).

Men optimering på din website räcker inte. Du måste också ha andra websiter länkande till dig.

Enklast är att köpa länkar – du kan t ex köpa vad som kallas "backlinks" via eBay (http://www.ebay.com), men det kräver att du vet lite om vad du letar efter.

Vill du lägga en liten budget, säg 1,000 kronor, på detta så kan du köpa ett par olika paket på eBay, under tre-fyra veckors tid (låt det gå lite tid mellan köpen), från olika säljare. Köp t ex 10,000 back-links från en säljare, köp ett par "high PR links" från en annan, och så vidare.

Backlinks – det är websiter som länkar till din site. Dessa behövs – men nuförtiden kan Google straffa din site om det är länkar som mest verkar vara "spam". Var därför lite försiktig när du köper backlinks så att det inte är värdelösa register eller blogg-kommentarer du köper. Läs igenom annonsen, och googla ord du inte förstår. Läs också säljarens feedback så att du vet om andra fått någon succé eller inte.

High PR, dvs hög PR – PR betyder PageRank. PageRank var något Google införde för ett par år sedan för att ranka kvaliteten och värdet på en website. Google satte 10 på sig själv, såklart, vilket var max. Nya websiter startade på ingen alls, eller 0. Page-eRank var väldigt viktigt för ett par år sedan, men har mer och mer urvattnats och förlorat sitt värde. Men de websiter som trots allt har hög PR är fortfarande websiter att räkna med (av andra anledningar), och därför kan det vara bra att ha länkar från sådana websiter.

Det går alltså att köpa sådana länkar – och ett par stycken från websiter med PR 3, 4, 5, 6 eller 7 brukar vara effektivt och lönsamt.

MOZ Domain och Page Authority är två andra termer som man kan se ibland när det gäller sökmotoroptimering. DA (Domain Authority) är den viktiga och visar hur viktig webbplatsen i fråga är. Allt över 30 är bra – skalan går till 100. En länk från en domän med MOZ DA 30 kan alltså göra en hel del för din website. Att därför köpa sådana länkar – eller fråga efter dem! - kan vara riktigt vettigt.

När det gäller sökmotoroptimering finns det lika många experter som sätt att göra det på. Sökmotoroptimering är dock färskvara – så jag går inte in på det mer än så här. Och för att få det att verkligen fungera på en Wordpress-site så måste du ha en egen host (inte ha en gratis-Wordpress-blogg) och en plugin för sökmotoroptimering (kallat SEO).

Stöd och bidrag

Det finns faktiskt en hel del olika stöd och bidrag som författare kan få för att skriva och ge ut sina böcker. Framförallt är det Kulturrådet (http://www.kulturradet.se/) som ger ut flera av dessa. Läs på deras website om vilka bidrag som är aktuella just nu. Där står också hur du kan söka.

Främst är det de två olika litteraturstöden – det för planerad utgivning och det som kallas efterhandsstöd – som kan vara aktuellt för dig.

Det finns också stiftelser, företag och föreningar som kan vara behjälpliga. I många fall handlar din bok om någonting som andra också är intresserade av så pass mycket att de vill hjälpa dig producera din text. Både Google, men också Länsstyrelsernas databaser, kan vara till hjälp här.

Skriver du en faktabok kan det mycket väl vara lämpligt att se vilka företag, föreningar eller stiftelser som skulle kunna vara intresserade. Ta kontakt med dem och se om du kan få stöd!

Ofta har även kommunerna någon form av kulturstöd. Kolla upp din kommuns website och läs vad de erbjuder. I vissa fall är informationen bristfällig – men var inte rädd för att ringa och fråga. Ibland är det så få som vet om att bidragen finns, att de ackumuleras över åren. Då kan det verkligen vara läge att komma in med en ansökan. I många fall är de som sköter de här fonderna väldigt glada över att få hjälpa till med ansökan – speciellt om det gäller någonting som fonden verkligen syftar till att finansiera.

Hobby eller företag?

I Sverige finns det flera olika företagsformer. Det finns även någonting som kallas hobbyverksamhet. Det är Skatteverket som definierar om din bokutgivning är att se som en hobby eller om du bedriver näring.

På http://www.skatteverket.se hittar du information om detta. I skrivande stund är det PDF-filen som heter SKV 344 som beskriver hobbyverksamhet. Faller du inom ramarna för detta behöver du alltså inte starta ett bolag.

Men om du tjänar pengar på din utgivning, och den är varaktig – då behöver du ett eget bolag. Det är faktiskt enklare än det låter!

På websiten Verksamt (http://www.verksamt.se), som är en del av Bolagsverket, så kan du enkelt starta ett eget företag. Det är dessutom ganska billigt att registrera en firma idag – 900 kronor för en enskild näringsverksamhet.

Det du måste tänka på är att registrera dig för moms, redovisa momsen samt förstås göra bokföring. Det är faktiskt också enklare än det låter.

Registreringen för moms gör du samtidigt som du registrerar din firma, på websiten ovan. Att redovisa momsen är inte heller svårt – det finns enkla formulär för detta, och Skatteverkets etjänst på Skatteverkets website gör det enkelt för dig.

Om du har en korrekt bokföring förstås – för den är a och o i all näringsverksamhet. Bokföringen är inte heller särskilt svår – speciellt inte i ett litet bolag där du kanske inte har särskilt många utgifter, och ett par betalningar via PayPal en gång per månad för din bokförsäljning. I det stora hela kanske det handlar om ett dussin verifikationer (det vill säga kvitton på betalningar) i månaden.

Se till att ha ett bankkonto specifikt för ditt företag (detta kan din bank hjälpa dig med – ofta direkt via deras website) och koppla detta konto till ditt PayPal-konto (det gör du när du loggat in på PayPal).

Se också till att ha en printer. En billig svart/vit laserskrivare fungerar utmärkt. Skriv ut alla betalningar du gör som hör till ditt företag (det vill säga det som hör till din bokutgivning), som t ex annonskostnader, det du betalade för din printer (du använder den ju i företaget) och så vidare.

Kom ihåg att du absolut inte ska redovisa sådant som är dina egna, privata, kostnader – som t ex kostnader för din hemtelefon eller middagsmaten.

Redovisa – det är vad du gör med dessa utskrivna kvitton. Du sätter dem i en pärm, och bokför dem – redovisar dem – i ett bok-föringsprogram. Det finns köpversioner som har massor av finesser och är väldigt vettiga, t ex från SPCS – men det finns också väldigt bra gratisversioner idag. Här ändrar sig marknaden så ofta att det bästa är att du googlar "bokföringsprogram" och sedan provar och väljer det du tycker funkar bäst för dig.

Googla även "bokföring enskild firma" så att du kan lära dig grun-derna. Som sagt – det är faktiskt inte svårt, och du kommer snabbt att upptäcka att det är något du enkelt själv klarar av att göra.

Om du dock känner att det är för mycket mattematik, för lite böcker blir skrivna men du säljer så pass bra att du hellre vill koncentrera dig på författandet – ja, då finns det många bokföringsfirmor som vill hjälpa dig. Var noga med att skriva ut alla betalningar, till och från ditt företag, och sätt dem i en pärm tillsammans med en utskrift av ditt företagsbankkonto. De kan då hjälpa dig med den löpande bokföringen för en kostnad.

Att starta aktiebolag, handelsbolag etc, må vara överkurs – men kan ha sina fördelar. Speciellt om ni är flera personer som bildar ett författarkollektiv, så kan både aktiebolag och handelsbolag vara företagsformer som ni bör titta på.

Som tur är så förklarar websiten Verksamt allt du behöver veta om de olika bolagsformerna. Och är du osäker på hur du ska redovisa någonting i din deklaration så kan du ringa eller maila till Skatteverket. Deras tjänstemän är oerhört duktiga på att hjälpa till – och de gör det gärna.

Till en början driver du säkert detta som en hobby. Men den dagen du tjänar så mycket pengar på din egenutgivning att du känner att det blir jobbigt att göra allting själv – då kan det verkligen vara värt att titta på andra bolagsformer, bokföringsbyråer och utomstående hjälp. Det finns massor av andra företag, konsulter och myndigheter som står till ditt förfogande.

E-boksutgivning

Du kan hos Lulu även publicera din bok som en e-bok! Detta kan visa sig vara riktigt effektivt, eftersom många idag vill läsa på mobilen, plattan, Kindeln – eller annan mojäng. Skapa ett e-boksprojekt hos Lulu och följ instruktionerna.

Filen du skapade i ditt layoutprogram för inlagan kan du använda igen. Oftast lägger du bara till omslagsbilderna – i JPG-format – och gör en ny, den här gången mer komprimerad – PDF och laddar upp den.

Ett varningens ord! Glöm inte att byta ISBN-nummer. Du får som sagt inte använda samma ISBN på din tryckta bok som din e-bok. ISBN-numret måste ändras både på insidan och på omslaget – om du nu har det skrivet på bägge ställen.

E-boken bör kosta betydligt mindre än din tryckta bok – men se till att du tjänar pengar även här.

E-boken har ju tyvärr potentialen att bli piratad och därmed spridd över hela världen, gratis. Detta är nog inte en så stor fara för en mindre författare – men när dina böcker börjar bli lite mer kända, så kan det mycket väl hända att någon kopierar den och lägger upp den någonstans. Alla känner inte till hur upphovsrättslagen fungerar, och det kan därför ske helt enkelt genom misstag.

Även e-böcker distribueras internationellt och säljs via bokhandelssidor på internet. Googla även efter dessa och länka på din blogg – du vill såklart ge dina läsare alla möjligheter att hitta dina böcker!

Efterord

Att skriva en bok brukar kännas som en enorm tröskel. Att dessutom tänka på saker som tryck, distribution, marknadsföring – för att inte tala om företagsregistreringar och bokföring – kan få den mest entusiastiske att lägga ner sina drömmar.

Det var därför jag skrev den här boken. För det är faktiskt mycket enklare än vad många tror. Att skriva boken behöver inte alls ta särskilt lång tid. Att trycka den, publicera den, behöver du ju inte göra själv. Och distributionen tar också någon annan hand om.

Lär du dig bitarna i den här boken så kan du skapa ett eget litet författarimperium (eller stort). Min förhoppning är att många fler väljer att ge ut sina egna böcker. Ju fler som skriver, ju fler som publicerar sig, ju rikare blir alla – både ekonomiskt och kulturellt.

Jag hoppas att jag i den här boken kunnat visa hur du enkelt går till väga för att skriva, publicera, distribuera och marknadsföra din bok.

I vissa fall helt utan att det kostar dig en krona.

Lycka till!

www.ingramcontent.com/pod-product-compliance
Lightning Source LLC
Chambersburg PA
CBHW030956090426
42737CB00007B/561